Un abecedario de animales en español e inglés.

An animal alphabet in English and Spanish.

Erika Deery

Para mi 'tabuelo' Alfonso, por enseñarme a dibujar.

For my 'tabuelo' Alfonso for teaching me how to draw.

Encuentra otros libros de la autora en:
For other books by this author visit:
www.milliebooks.com

National Library of Australia Cataloguing-in-Publication entry:

Creator: Deery, Erika, author, illustrator, translator.
Title: Zoológico bilingüe = Bilingual zoo / Erika Deery.
ISBN: 9780995385214 (paperback)
Target Audience: For pre-school age.
Subjects: Alphabet books--Juvenile literature.
Animals--Pictorial works--Juvenile literature.
English language--Alphabet--Juvenile literature.
Spanish language--Alphabet--Juvenile literature.

Este libro pertenece a: / ***This book belongs to:***

_ _

El **armadillo** se enrolla en una pelota cuando se asusta.

*The **armadillo** rolls into a ball when it gets scared.*

El **búfalo** es un excelente nadador.

*The **buffalo** is a great swimmer.*

¡Cuidado! ¡No te vaya a morder el **cocodrilo**!

Be careful! Don't let the ***crocodile*** *bite!*

A este gran **dinosaurio** le encanta comerse sus verduras.

This big ***dinosaur*** *loves eating its veggies.*

Paleo
Café

El **elefante** se baña en la tina.

*The **elephant** is having a bath.*

El **flamenco** se puede parar en un solo pie. ¿Puedes hacerlo tú?

*The **flamingo** can stand on one foot. Can you?*

Este **ganso** trabaja muy bien en equipo.

*This **goose** is a great team player.*

3
2
4
5
1

¡El **hipopótamo** es casi tan pesado como tu coche!

*The **hippopotamus** is almost as heavy as your car!*

A la **iguana** le gusta tomar el sol en la playa.

*The **iguana** enjoys sunbaking at the beach.*

El **jaguar** es un excelente trepador de árboles.

*The **jaguar** is an excellent tree climber.*

El **koala** duerme casi todo el día.

*The **koala** sleeps almost all day.*

El **león** tiene el rugido más fuerte del mundo.

*The **lion** has the loudest roar in the world.*

¡El **mono** se llevó tu plátano!

*The **monkey** took your banana!*

El **numbat** está esperando a su almuerzo.

*The **numbat** is waiting for its lunch.*

El **ñu** está buscando la "Ñ".

*The **gnu** is looking for the "Ñ".*

ñ

Las **orcas** son muy inteligentes.

Orcas *are very smart!*

El **pavo real** tiene la cola como un abanico de seda.

*The **peacock** has a tail like a silk fan.*

El **quetzal** vuela en los cielos
de Centro América.

*The **quetzal** flies the skies
of Central America.*

No todos los **renos** tienen la nariz roja.

*Not all **reindeers** have red noses.*

La **salamandra** tiene manchas amarillas muy brillantes.

*The **salamander** has bright yellow spots.*

La **tortuga** puede nadar grandes distancias.

*The **turtle** can swim great distances.*

El **unicornio** vive en el bosque encantado.

*The **unicorn** lives in the enchanted forest.*

A la **víbora** le encanta cambiar su ropa cada temporada.

*The **viper** loves to change its clothes every season.*

El **wombat** excava una madriguera con sus garras.

The ***wombat*** *digs a burrow with its claws.*

El **xoloizcuintle** toca las maracas.

The ***xoloizcuintli*** *is playing the maracas.*

El **yak** vive en lo alto de las montañas del Himalaya.

*The **yak** lives high in the mountains of the Himalayas.*

Los animales en el **zoológico** bilingüe hablan dos idiomas, ¡así como tú!

The animals at the bilingual ***zoo*** *speak two languages, just like you!*

Bilingual Zoo Café
Jambo!
Bonjour!
Olá!
G'day mate!
Hei!
¡Hola!

Aprende a decir "hola" en diferentes idiomas / Say "hello" in different languages:

Hola (Español, Spanish)
Hei (Finlandés, Finnish)
Hello (Inglés, English)
Bonjour (Francés, French)
Jambo (Swahili, Swahilli)
Olá (Portugués, Portuguese)
G'day mate (así decimos "hola" en Australia, we say "hello" like this in Australia)

Descarga gratis el memorama de Zoológico Bilingüe en la siguiente dirección:

Download the Bilingual Zoo memory game for free at the following address:

www.milliebooks.com/bilingualzoogift

www.ingramcontent.com/pod-product-compliance
Lightning Source LLC
LaVergne TN
LVHW070300250826
846485LV00011B/61
* 9 7 8 0 9 9 5 3 8 5 2 0 7 *